COUPLETS.

COUPLETS

C.

GARDE NATIONALE DE PARIS.

5ᵉ *Légion.*

COUPLETS

CHANTÉS

AU BANQUET

DONNÉ

PAR LA 5ᵉ LÉGION DE LA GARDE NATIONALE,

Commandée par M. le Vicomte SOSTÈNES DE LA ROCHEFOUCAULD, Aide-de-Camp de S. A. R. MONSIEUR, pour célébrer l'heureux retour de S. A. R Mgr le Duc D'ANGOULÊME et de L'ARMÉE D'ESPAGNE,

AU CADRAN BLEU, LE 23 DÉCEMBRE 1823.

PARIS,

IMPRIMERIE D'ÉVERAT, RUE DU CADRAN Nº 16.

1823.

(Ce banquet, présidé par M. le vicomte de La Rochefoucauld, et auquel assistaient M. le duc de Montmorency, ministre d'état, et M. le duc de Doudeauville, pair de France, a réuni un grand nombre de MM. les officiers, sous-officiers, grenadiers et chasseurs de la 5ᵉ légion.

Au moment de se mettre à table un roulement de tambours a réclamé l'attention des convives, et M. le colonel s'est exprimé en ces termes :)

Messieurs les gardes nationaux,

Honneur au Prince magnanime qui a rendu la victoire aux armes françaises : nos vieux guerriers étaient tombés avec gloire, ils se sont relevés avec plus de gloire encore sous l'empire des Lys. Ils ont vu avec plaisir nos plus jeunes soldats rivaliser avec eux d'ardeur, de sagesse et de fidélité. Gloire au Héros Français ! chef habile, quand il a fallu mener ses soldats au combat ; leur simple compagnon au milieu des marches les plus pénibles ; leur guide pour aller au feu, leur exemple partout.

Cent mille Français, Messieurs, ont marché sous les ordres d'un Bourbon, pour délivrer un roi opprimé par des factieux, et pour rendre à ses peuples une heureuse et sage liberté. La France entière se lèverait en masse si l'Étranger pensait jamais à franchir nos frontières; mais loin de nous de si tristes pensées! Jamais accord plus parfait ne régna entre les puissances; et, après avoir cueilli des lauriers, nous jouirons des avantages d'une paix durable.

Au congrès de Vérone, la France a repris le rang qui lui convient parmi les nations. Honneur à celui qui fut chargé d'y défendre ses droits, et d'y soutenir ses intérêts (1).

Honneur surtout, Messieurs, honneur, amour et reconnaissance pour ce Roi auquel se rattacheront un jour tous les titres qui ont fait les plus grands rois de notre histoire. Puissent de longues années lui laisser le temps d'achever tout ce que l'esprit le plus sage et le plus profond a conçu pour le bonheur, le repos et la gloire de ses peuples. Vive le Roi!

Des acclamations unanimes, et les cris prolongés de *vive le Roi, vive le duc d'Angoulême, vive l'armée française*, ont répondu à cette éloquente improvisation de M. le colonel de la 5ᵉ légion.

Après le premier service, M. le duc de Montmorency a porté

---

(1) M. le duc de Montmorency. Tous les regards se portèrent en ce moment sur le noble pair; et des marques d'approbation accueillirent cet hommage rendu au ministre du Roi de France qui fut chargé de cette importante mission.

la santé du Roi, et M. le duc de Doudeauville celles de S. A. R. Mgr le duc d'Angoulême, de la famille royale, et de l'armée française.

Ces santés ont été accueillies par les convives avec autant de respect que d'enthousiasme, et ont été suivies d'une nouvelle explosion des cris chers à tous les Français.

Au dessert on a chanté les couplets suivans :

Air : de la Sentinelle.

RICHE d'honneurs, de lauriers et d'exploits,
Vouant aux arts sa superbe existence,
La France en paix dans le sein de ses rois
Se reposait de sa longue vaillance !
Mais de Madrid les terribles débats
Ont réveillé les fils de la victoire ;
 Et bravant l'horreur du trépas,
 La France revole aux combats
 Sûre d'y retrouver la gloire.

« Pars, noble preux, vaillant fils de Henri,
» Pars, va soumettre un essaim de rebelles !
» Et toi, ma fille, ange du ciel chéri,
» Va consoler mes Vendéens fidèles, »
Disait ce Roi si cher à ses sujets,
Dont la sagesse illustre notre histoire !
 Ils partent : Luttant de succès
 ELLE fut l'amour des Français !
 Et de l'Espagne IL fut la gloire !

Chartre a revu ce couple glorieux
Dont Dieu bénit la noble destinée!
Et d'Austerlitz le soleil radieux
De son retour éclaire la journée?
Tous deux ont mis un terme à nos malheurs,
Tous deux vivront dans nos mémoires :
    De ces illustres voyageurs
    Si L'UNE a conquis tous les cœurs,
    L'AUTRE a vaincu toutes les gloires!

Jeunes guerriers, et vous anciens soldats,
Vous que Cadix a retrouvés fidèles,
Entrelacez, au retour des combats,
Vos vieux lauriers et vos palmes nouvelles.
    Ombragez un berceau chéri
    De ces gages de la victoire!
    Et que désormais notre Henri
    Puisse reposer à l'abri
    De ce vaste rideau de gloire!

                        B. DE ROUGEMONT,
                              Lieutenant.

LE PEUPLE SOUVERAIN.

Air : Mon-Galoubet.

Nous le voulons !   (*Bis.*)
C'est ainsi que le Roi s'exprime ;
Mais nous, peuple, aussi nous pouvons,
Dans l' zèl' qui pour lui nous anime,
Dire, sous ce Roi légitime :
 Nous le voulons !   (4 *fois.*)

 Nous le voulons !
C' Monarqu' dont la longue carrière
Fut un' suit' de bell's actions.
Pour l'honneur des grands de la terre,
Dieu l'a fait Roi : nous, comme père,
 Nous le voulons !

 Nous le voulons !
Ce pacte émané d' sa puissance,
Pour cimenter tant d'unions.
Comme un monument de clémence,
Et pour le bonheur de la France,
 Nous le voulons !

Nous le voulons !
C't'enfant dont les grâces ornées
Doiv'nt briller sur l' trôn' des Bourbons ;
Qu'il règle un jour nos destinées ;
Mais dans un' soixantain' d'années
Nous le voulons !

Nous le voulons !
Notre règne ici doit se clore ;
Mais s'il faut contr' les factions
Défendre c's Princ's qu'on adore,
Tous les Français diront encore :
Nous le voulons !

Écrit sous la dictée d'un' Faubourien,

Par HENRY SIMON,
sous-lieutenant.

Air : Aussitôt que la lumière.

Aux jours sanglans de guerre,
De gloire, mais de regrets,
Vont succéder, je l'espère,
Les jours plus doux de la paix !
Ton épée, ô Fils de France !
A reconquis tous nos droits ;
On lui doit la délivrance
Et des peuples et des rois.

Elle est aussi bien Française,
La fille du Roi-Martyr,
L'auguste et noble Thérèse,
Qui partout se fait bénir.
Si d'Angoulême, en Espagne,
Est chéri par ses hauts-faits,
Dans la France, sa compagne
L'est autant par ses bienfaits.

Unissons, dans ces journées
D'allégresse et de bonheur,
Au Héros des Pyrénées
L'Héroïne du malheur !

C'est le ciel qui les appelle
A devenir notre appui;
Jurons de mourir pour elle!
Jurons de mourir pour lui!

Victor LELOUTRE,
Capitaine.

Air de *la Robe et les Bottes*.

Pour écraser l'hydre de l'anarchie,
Qui menaçait et le trône et l'autel;
Pour déjouer l'affreuse perfidie,
Qui gouvernait sous un nom solennel;
Au Roi trahi pour rendre l'espérance,
De sa prison pour briser les verroux,
L'Honneur a dit au noble Fils de France:
   Montrez-vous, Prince, montrez-vous!

Pour commander à notre jeune armée,
Dont la valeur a devancé les ans,
Et pour forcer encor la Renommée
A publier nos succès éclatans;
Pour déployer une rare prudence,
Et du trépas pour affronter les coups,
La Gloire a dit au noble Fils de France:
   Montrez-vous, Prince, montrez-vous!

Pour empêcher le pillage des villes;
Pour adoucir le vainqueur irrité,
Et prévenir les discordes civiles,

En protégeant même le révolté;
Pour établir la douce confiance
Où s'agitaient la haine et le courroux,
L'Humanité répète au Fils de France:
   Montrez-vous, Prince, montrez-vous!

Pour recevoir la couronne civique,
Prix des talens, des vertus, des hauts-faits;
Pour augmenter l'allégresse publique,
Pour embellir les fêtes de la Paix,
Pour inspirer à la reconnaissance
Les chants d'amour, les transports les plus doux,
Tous les Français disent au Fils de France:
   Montrez-vous, Prince, montrez-vous!

                         DESPREZ,
                              Lieutenant.

Air : Aussitôt que la lumière.

Alors que la capitale
Retentit de chants joyeux,
La garde nationale
Porte des toasts nombreux :
Au Héros des Pyrénées !
Aux braves, dont les succès
Rendent à nos destinées
L'honneur, la gloire et la paix !

Amis, de la Providence
Admirons tous les décrets ;
Du mal qui germait en France,
Elle arrête les progrès.
Notre Héros tutélaire
A mis l'épée à la main,
Pour étouffer, chez l'Ibère,
L'ennemi du genre humain.

Oui, par la philosophie
Le Monde fut agité ;
On décora l'anarchie
Du beau nom de *liberté* :

Mais sous l'égide prospère
Qui protégea nos aïeux,
Bien mieux que sous sa bannière,
Les Français seront heureux.

Maintenant, que tout s'accorde!
Le monstre est enseveli,
Aux pécheurs, miséricorde!
Et le passé dans l'oubli!
Puisse tout rentrer en grâce,
Et que, pour dernier signal,
La bonté royale efface
Jusques aux traces du mal!

CHANDEZON,
Grenadier.

LE
NOUVEAU CHANT FRANÇAIS.

Air : Soldats français, peuple vaillant.

L'airain balancé dans les airs,
Le bronze enchaîné des batailles,
Le bruit des célestes concerts,
Retentissent dans nos murailles ;
Un peuple, fier du nom français,
Livrant son cœur à l'espérance,
Répéte, en célébrant la paix :
Vive le Roi ! Vive la France !   (*bis*).

Vaillant héros, preux conquérant,
Tel est Louis en Ibérie :
Il marche et triomphe en courant,
Pour l'Espagne et pour sa patrie.
L'Espagnol, privé de son roi,
Vers son libérateur s'élance,
Et dit, avec un doux émoi :
Vive le Roi ! Vive la France !

Un roi français, dont la valeur
En souvenir nous accompagne,
Quand *tout fut perdu, fors l'honneur,*
Devint prisonnier en Espagne.
Ferdinand sept est dans les fers ;
Nous courons à sa délivrance.
Quel exemple pour l'Univers !
Vive le Roi ! Vive la France !

Jeunes conscrits et vieux guerriers
Marchent ensemble avec courage :
Quand il faut cueillir des lauriers,
Tous les Français sont du même âge ;
Et les soldats de Marengo,
Et de Bressuire et de Constance,
Chantent tous au Trocadéro :
Vive le Roi ! Vive la France !

Français, en ce jour solennel,
Oublions nos destins contraires :
Sous les lois d'un roi paternel,
Reprenons nos titres de frères ;
Dans nos cœurs, et sur nos drapeaux,
Illustrés par notre vaillance,
Pour toujours inscrivons ces mots :
Vive le Roi! Vive la France!

CAPELLE, Sergent.

AIR : Pour un Soldat (*Michel et Christine*).

Lorsque notre France s'honore
De Bourbon, ce noble héros,
Ma faible voix voudrait encore
Célébrer ses brillans travaux.
Je n'ai pas besoin de science ;
Et ne consultant que mon cœur,
Je vais, avec toute la France,
Chanter notre triomphateur.

Plein de bonté, plein de courage,
De l'honneur écoutant la voix,
Un Prince magnanime et sage,
En tous lieux fit bénir ses lois.
Réparant les maux de la guerre,
Enchaînant tout par sa douceur,
Les soldats le nomment leur père,
L'Espagne son libérateur.

Cherchant l'ennemi qui se cache,
De Henri noble imitateur,
Nous retrouvons son blanc panache
Toujours au chemin de l'honneur.

Mais pour le vaincu, sa belle âme
Demande grâce avec ardeur,
Et c'est le seul prix que réclame
Le généreux triomphateur.

Rentrant dans sa chère patrie,
Arrêtant le fer meurtrier,
Aux pieds d'une épouse chérie
Il vient déposer un laurier;
Chaque Français est en délire,
BOURBON règne sur notre cœur;
Et sur son front nous croyons lire:
Triomphateur, Libérateur!

ROY fils, Sapeur.

Air de la Sentinelle.

Le souvenir de Wagram, d'Austerlitz,
D'un noble orgueil embrâsant nos cohortes,
Trocadéro, Pampelune, Cadix,
Devant nos preux ont vu tomber leurs portes.
 Rajeunissant nos vieux succès
 Par d'aussi vaillantes journées,
 Nos soldats prouvent désormais
 Que la valeur chez les Français,
 N'attend pas le nombre d'années.

De ces beaux jours, le soleil radieux,
Pour nous encor brille dans l'Ibérie.
Cadix a vu sur ses remparts fameux,
Flotter des Lis la bannière chérie.
 Guidés par un nouveau Bayard,
 Tous fiers de leur jeune vaillance,
 Nos guerriers plantant l'étendard,
 Prouvaient que, malgré ce retard,
 La valeur ne meurt pas en France.

Dans les combats signalant sa valeur,
Toujours en tête, et suivi de la gloire,
De ses guerriers en ranimant l'ardeur,
Le fils d'Henri les mène à la victoire.

Quand l'Espagnol épouvanté,
Du Prince implorait la clémence,
En tous lieux était répété,
Ce noble mot : HUMANITÉ !
Le mot d'ordre du fils de France !

Soldats, l'airain a cessé de tonner,
Mettez un frein à votre ardeur guerrière,
Et du héros qui sait vous pardonner,
Ralliez-vous sous la blanche bannière.
   Vous, qui fûtes nos ennemis,
   La paix comble votre espérance ;
   A votre Roi soyez soumis,
   Et désormais soyons amis !
   Voilà les vœux du fils de France.

De nos guerriers le retour glorieux,
A de nos cœurs dissipé les alarmes ;
Leur noble chef, imitant ses aïeux,
Au pied du trône a déposé ses armes.
   Veillons, veillons avec transport
   Sur des princes que l'on adore ;
   Peuples, jaloux de notre accord,
   Taisez-vous, car le lion dort,
   Tremblez de l'éveiller encore !!!!

Frédéric FOUGERAY, Sergent.

Air : du pot de fleurs.

Des guerriers s'il est le modèle,
Des fils il est le plus soumis ;
Couvert d'une gloire immortelle,
Il dépose aux pieds de Louis   *bis.*
Et ses lauriers, les fruits de sa vaillance,
Et son épée et ses nobles travaux :
   Amis, célébrons ce héros
   A jamais l'honneur de la France !   *bis.*

S'il est humble dans la fortune
Il est grand dans l'adversité ;
Et de sa vertu peu commune
Plus d'un noble trait est cité.
Toujours clément et toujours magnanime,
Oui, sur la Drôme ou bien au champ d'honneur,
   Il nous a montré qu'un grand cœur
   De son roi sait garder l'estime   *bis.*

Il est l'idole de l'armée,
De tout Français il est chéri !
Aux yeux de l'Europe charmée
Il retrace le bon Henri ;   *bis.*

Du Béarnais il rappelle la gloire,
Car aux vaincus il offre le pardon :
C'est toujours ainsi qu'un Bourbon
S'inscrit au temple de Mémoire,   *bis.*

Ph. PERINOT.

LES FRANÇAIS EN ESPAGNE,

EN 1823.

COMPTE RENDU PAR UN SAPEUR DE LA GARDE ROYALE.

Air : Tra la la, tra la la.

Aux lieux où Roland, Bayard
Portèrent leur étendard,
Un fils du grand Béarnais
Conduit le drapeau français.
 Tra la la, tra la la,
  Espérance
  Et patience ;
 Quand l'Français se résout,
 Son cœur vient à bout
  De tout.
} *Chœur.*

On disait que nos soldats
N'marcheraient pas aux combats;
Que les jeunes et les vieux
N'seraient pas d'accord entre eux.
 Tra la la, tra la la, etc.

Aux déserteurs de nos rangs,
Qui n'aim' pas les drapeaux blancs,
Nous en avons, sans les leurs,
Fait voir de tout's les couleurs.

 Tra la la, tra la la, etc.

En voyant Louis d'Bourbon,
Un peuple soumis et bon,
Accourait le verre en main,
Et dansait sur ce refrain :

 Tra la la, tra la la, etc.

Sitôt qu'on eut mis à dos
Tous les *Descamisados*,
La peur qui mina Mina,
A fuir le détermina.

 Tra la la, tra la la, etc.

« Dans l'Trocadéro jamais
» On ne verra les Français ».
Quand ces mots il entendait,
Not' général répondait :

 Tra la la, tra la la, etc.

Les Cortès criaient bien fort :
Vivre libres, ou la mort !
Les Français sont triomphans,
Et les Cortès bien portans.

   Tra la la, tra la la, etc.

L'Espagnol de bonne-foi,
Joyeux de revoir son Roi,
Entonne dans son gala,
Au lieu de la Tragala :

   Tra la la, tra la la, etc.

Réflexion du chanteur sapeur.

Pour notre bonheur à tous,
Français réunissons-nous ;
Confondons dans un *tost* franc
Le vin rouge et le vin blanc.

   Tra la la, tra la la, etc.

Écrite sous la dictée de l'auteur,

        Par CAPELLE,
         Sergent.

Air : Ah ! que de chagrins dans la vie.

Amis, buvons à d'Angoulême,
Buvons à ce prince chéri ;
Sa vertu sous le diadème
Nous promet un autre Henri. *bis.*
Par sa valeur, sa bonté tutélaire
Il enchaîna l'anarchie à jamais.
L'Espagne en lui vit un foudre de guerre,
L'Espagne en lui vit un ange de paix.

Français, oubliant nos querelles,
Chantons son fortuné retour,
Chantons sa compagne fidèle,
Confondons-les dans notre amour. *bis.*
De leurs aïeux la gloire héréditaire
Vient de Louis couronner les succès.
Pour l'ennemi c'est un foudre de guerre,
Pour le Français c'est un ange de paix.

Protecteur de notre industrie,
Louis, pour cent peuples divers,
Fait de notre belle patrie
Le magasin de l'Univers. *bis.*

Des malheureux il est aussi le père,
Et sa clémence égale ses bienfaits.
Pour l'ennemi s'il est foudre de guerre,
Pour nous, amis, c'est l'ange de la paix.

Couplet improvisé par l'Auteur.

Amis, l'élite de la France,
Doudeauville et Montmorency
Nous honorent de leur présence,
Dignes d'eux montrons-nous ici;
Imitons-les dans leur ardeur sincère
Pour ces Bourbons, objets de nos respects;
Qu'ils puissent dire à ce foudre de guerre
Que nous chantons en lui l'ange de paix.

P. F.

Officier de la 5e légion.

Air : Patrie, honneur, pour qui j'arme mon bras.

L'Espagne, en proie aux fureurs d'un parti,
Réclame en France un appui tutélaire.
D'un peuple entier Louis entend le cri,
Soudain lui prête un bras auxiliaire.
Soldats français ! un peuple malheureux
Vous ouvre encore un chemin glorieux.

Un Roi captif, à Cadix retenu,
De ses sujets partage la souffrance.
De tant de maux, chacun se sent ému ;
Chacun de nous jure leur délivrance.
Sans plus tarder, marchons au champ d'honneur ;
Marchons, amis, au secours du malheur.

Un Bourbon s'arme, et cent mille guerriers
Volent bientôt dans les champs d'Ibérie ;
De toutes parts les plus brillans lauriers
Couvrent leurs fronts, sauveurs de la patrie.
De leurs succès, amis, ne doutons pas,
C'est un Héros qui dirige leurs bras.

Bravant cent fois les dangers des combats,
De Duguesclin imitant la vaillance,
Chaque guerrier affronta le trépas.
Qui le guidait ? le Héros de la France.
Français, chantons soudain tout d'une voix,
Chantons en chœur ses immortels exploits.

      MOREAU,
      Sous-Lieutenant.

Air : Grenadier, que tu m'affliges !

Tout pour le Roi ! tout pour la France !
C'est le cri de chaque Français ;
Le soldat marche en assurance,
Quand l'honneur promet le succès.
Jamais un brave n'hésite
A combattre pour son Roi ;
  Plein d'ardeur,
   Son cœur
    Palpite,
Et son devoir est sa loi.

Tout pour le Roi ! tout pour la France !
D'Angoulême a conquis la paix :
Il avait la noble espérance
D'unir l'Espagnol au Français.
Un si beau dessein l'agite....
Pour la patrie et le Roi,
  Plein d'ardeur,
   Son cœur
    Palpite,...
Il part..... et dicte la loi.

Tout pour le Roi! pour la patrie!
Douce loi, règle nos destins;
Qu'à l'envi partout on s'écrie:
Suivons ces préceptes divins!
D'un Français le cœur palpite
Pour sa patrie et son Roi;
  Plein d'ardeur,
   L'honneur
   L'excite,
Et son devoir est sa loi.

    Et.-J.-B.-G. LALLEMAND,
     Lieutenant.

Air : Un Magistrat irréprochable.

Dans les plaines de l'Ibérie,
Nos soldats, volant aux hasards,
Suivaient l'oriflamme chérie
Et des Henris et des Bayards.
Sous ce drapeau de la victoire,
Que Condé guidait à Rocroi,
La France a reconquis sa gloire,
L'Espagne a recouvré son Roi.

Voyez nos guerriers intrépides
Égaler, au Trocadéro,
Et les braves des Pyramides,
Et les vainqueurs de Marengo.
A chaque page de l'histoire,
Leur valeur brille devant moi :
La France a reconquis sa gloire,
L'Espagne a recouvré son Roi.

Ta main, généreux d'Angoulême,
Rend un peuple à l'humanité,
Au Roi déchu son diadème,
Et l'honneur à la royauté.

Madrid, consacrant ta mémoire,
Redira long-temps après moi :
La France a reconquis sa gloire,
L'Espagne a recouvré son Roi.

Il n'est plus de Français rebelle,
Sous tes étendards triomphans,
A ta voix la France fidèle
Va réunir tous ses enfans.
La médisance la plus noire
Recule aujourd'hui devant toi :
La France a reconquis sa gloire,
L'Espagne a recouvré son Roi.

Buvons aux enfans d'Henri-Quatre,
A celui qui sait aujourd'hui
Comme lui vaillamment se battre,
Vaincre et pardonner comme lui.
A sa santé quand je veux boire,
C'est boire à la nôtre, je croi :
La France a reconquis sa gloire,
L'Espagne a recouvré son Roi.

A. DUBOIS DE BEAUCHESNE,
Sous-Lieutenant.

Air : C'est l'amour, l'amour, etc.

C'est fini, fini, fini,
　Cette campagne
　D'Espagne;
Un descendant de Henri
A vaincu l'ennemi.

Dès qu'on nous a parlé de guerre,
Nous avons vu nos libéraux
En appeler, en Angleterre,
A tous leurs amis radicaux.
　La France, à les en croire,
　Sous les lois d'un Bourbon,
　Au temple de Mémoire
　N'inscrirait plus son nom.
C'est fini, fini, etc.

Rappelons-nous de nos prophètes
Les sinistres prédictions,
Et quel drapeau pour des conquêtes
Ils offraient à nos légions !....
　Dans leur profond délire,
　Ils détrônaient les Rois,
　Se partageaient l'empire,
　Et nous dictaient des lois.....
C'est fini, fini, etc.

C'est naturel, quoique j'en dise,
De voir liguer contre les Rois,
Avec de nouveaux sans-chemise,
Nos sans-culottes d'autrefois;
 Mais la Fortune ingrate
 Leur préparait l'affront
 D'un bonnet d'écarlate,
 Pâlissant sur leur front.
C'est fini, fini, etc.

Buvons au Prince magnanime,
Au plus aimé des conquérans;
Qu'un encens pur et légitime
Lui soit offert de tous les rangs.
 Petit-fils d'Henri-Quatre,
 Digne de ses aïeux,
 Son plumet, pour combattre,
 Est le guide des preux.

C'est fini, fini,, etc.

Mais oublions cette querelle,
Et buvons encore à la paix;
Si jamais l'honneur nous rappelle,
Prouvons que nous sommes Français:

Si le Roi nous demande
Un généreux appui,
Qu'un Bourbon nous commande,
Et nous vaincrons sous lui.

C'est fini, fini, fini,
   Cette campagne
     D'Espagne ;
Un descendant de Henri
A vaincu l'ennemi.

VALLET-DARTOIS,
Officier.

Air : J'ai vu le parnasse des Dames.

Lorsqu'il fallut tirer l'épée
Pour défendre un roi malheureux,
Notre attente n'fut pas trompée ;
Jamais succès n' fut moins douteux.
La gloire, fidèle à la France,
Vint s'ranger sous l'drapeau des Lis,
Comme une ancienne connaissance
Qui vient r'trouver ses vieux amis.

Alors, au sein de la mitraille,
On vit un princ' brave et chéri,
Rappeler à chaque bataille
Le bras et le cœur de Henri.
Sa main arrêtait la vengeance,
Sa bouche exprimait le pardon ;
Car c'est toujours à la clémence
Qu'on doit reconnaître un Bourbon.

Grâces à ma belle patrie,
A nos savans, à nos héros,
Deux fois l'Espagn' fut affranchie
Du plus horrible des fléaux.

Ferdinand, debout sur son trône,
Qui fut r'levé par nos guerriers,
N'peut oublier que sa couronne
Est tressée avec nos lauriers.

B.ⁿ de ROUGEMONT.
Lieutenant.

TOUT LE MONDE CHANTE.

Air : Sautez donc, mes amis, sautez donc.

Chantres de notre renommée,
Qui gémissiez d'un long repos,
L'Espagne a revu notre armée,
Embouchez soudain vos pipeaux.
Les révoltes sont étouffées;
Voyez s'enfuir leurs coryphées....
Chantez donc, chansonniers, chantez donc!
Saluez nos nouveaux trophées;
Chantez donc, chansonniers, chantez donc!
Chantez les exploits d'un Bourbon.

Vieux favoris de la victoire,
Pour décourager le soldat,
On disait que de votre gloire
La guerre allait ternir l'éclat;
Mais nos plus jeunes militaires
Ont pris Pampelune et Figuères.....
Chantez donc, vétérans, chantez donc!
Vos fils sont dignes de leurs pères;
Chantez donc, vétérans, chantez donc!
Chantez les soldats d'un Bourbon.

Vous, dont l'indigente parure
Affligeait le cœur d'un bon Roi,
Soldats de Bonchamps, de Lescure,
On récompense votre foi.
Oui, déjà vos longues misères
Ont fait place à des jours prospères.....
Chantez donc, Vendéens, chantez donc !
Un Ange a béni vos chaumières ;
Chantez donc, Vendéens, chantez donc !
Chantez l'épouse d'un Bourbon.

Peuple, qu'une affreuse licence
Avait un instant égaré,
Assez long-temps de notre France
Vous avez été séparé :
Que vos querelles terminées
Ramènent d'heureuses journées !....
Chantez donc, Espagnols, chantez donc !
Entre nous plus de Pyrénées ;
Chantez donc, Espagnols, chantez donc !
Chantez les bienfaits d'un Bourbon.

Vous, qui voyiez en Ibérie
Un roi captif de ses sujets ;
Rois, vous craigniez que l'anarchie
N'envahît un jour vos palais.
Le chef de nos braves colonnes
Du joug a sauvé vos couronnes.

Chantez donc, monarques, chantez donc!
   Ce preux a raffermi vos trônes;
Chantez donc, monarques, chantez donc!
   Chantez les succès d'un Bourbon!

   Et vous aussi, gent libérale
   Qui défendiez, sans intérêt,
   Notre gloire nationale,
   Quand personne ne l'attaquait.
   Si vous aimez tant la vaillance,
   D'Angoulême a revu la France !...
Chantez donc, libéraux, chantez donc!
   Pour nos rois plus de répugnance;
Chantez donc, libéraux, chantez donc!
   Chantez la gloire d'un Bourbon!

   Enfin tous les peuples du monde
   Doivent répéter nos couplets;
   Et de nos Princes, à la ronde,
   Chanter les vertus, les bienfaits.
   De tous les maux leur main efface
   Et le souvenir et la trace...
Chantez donc, nations, chantez donc!
   Du Nord au Midi l'on s'embrasse;
Chantez donc, nations, chantez donc!
   Chantez le règne d'un Bourbon.

              Henry SIMON,
              Sous-Lieutenant.

www.ingramcontent.com/pod-product-compliance
Lightning Source LLC
Chambersburg PA
CBHW060459050426
42451CB00009B/732